CONFÉRENCES POPULAIRES

AVEC

Projections Lumineuses

LES PROVINCES DE FRANCE

HAUTE
NORMANDIE

(EURE, SEINE-INFÉRIEURE)

NOTICES RÉSUMÉES PAR

J.-E. BULLOZ O. I. ☉

Adoptées par la *Ligue de l'Enseignement.*

MAISON ARTISTIQUE

D'ÉDITIONS PHOTOGRAPHIQUES ET DE VULGARISATION
PAR L'IMAGE
—
21, RUE BONAPARTE, 21
PARIS
1900

CONFÉRENCES POPULAIRES

AVEC

Projections Lumineuses

LES PROVINCES DE FRANCE

HAUTE NORMANDIE

(EURE, SEINE-INFÉRIEURE)

NOTICES RÉSUMÉES PAR

J.-E. BULLOZ O. I.

Adoptées par la *Ligue de l'Enseignement.*

MAISON ARTISTIQUE

D'ÉDITIONS PHOTOGRAPHIQUES ET DE VULGARISATION
PAR L'IMAGE

21, RUE BONAPARTE, 21
PARIS
1900

PROJECTIONS LUMINEUSES

D'APRÈS LES CHEFS-D'ŒUVRE DE L'ART

POUR

COURS D'ADULTES ET CONFÉRENCES POPULAIRES

ENSEIGNEMENT DE L'HISTOIRE DE L'ART

HISTOIRE DE FRANCE D'APRÈS LES PEINTRES MODERNES

NOTICES RÉSUMÉES POUR CONFÉRENCES POPULAIRES

AVEC PROJECTIONS LUMINEUSES, ADOPTÉES PAR LA LIGUE DE
L'ENSEIGNEMENT

Une Visite au Louvre.
Une Visite au Luxembourg.
Une Visite à Versailles.
Les Monuments de Paris.
La Révolution française.
La Guerre de 1870.
Les Héros de 1870 (adopté par
le Ministère de l'Instruction
Publique).
Jeanne d'Arc.
Paris historique.

L'Alsace (adopté par le Minis-
tère de l'Instruction Publique).
La Flandre et l'Artois.
La Bourgogne.
La Bretagne (Finistère, Morbi-
han, Loire-Inférieure).
La Normandie, I (Eure, Seine-
Inférieure).
La Normandie, II (Orne, Calva-
dos, Manche).
La Vie aux champs.

0 *fr.* **25** *chaque notice.*

ENVOI DU CATALOGUE COMPLET SUR DEMANDE

ET DU

CATALOGUE SPÉCIAL POUR L'ARCHITECTURE

L'ÉDUCATION POPULAIRE et les Chefs-d'œuvre de
l'Art : Michel-Ange. — La Hollande et les Hollandais. —
Conférences populaires illustrées....... . ... **2 fr.**

HAUTE NORMANDIE

La Normandie, ancienne province et grand gouvernement de France, se partageait jadis en deux grandes divisions, la Haute et la Basse Normandie.

Le rôle capital joué par cette province dans toute notre histoire, son énorme importance actuelle à tous les points de vue : politique, géographique, industriel, commercial, nous obligeant à la scinder de même en deux causeries, nous adopterons, tout au moins dans ses grandes lignes, cette ancienne délimitation. Bornée au nord et à l'ouest, par la Manche, au sud-ouest, par la Bretagne, au sud par le Maine et le Perche, à l'est, par l'Ile-de-France, au nord-est par la Picardie, la Normandie couvrait environ 30.000 kilomètres carrés.

En 1790, elle servit à former quatre départements entiers, l'Eure, la Seine-Inférieure, le Calvados et la Manche, plus une fraction de celui de l'Orne.

Sous la rubrique de Haute Normandie nous rangerons tout d'abord les deux premiers, l'Eure et la Seine-Inférieure, qui correspondent à peu près à la Normandie propre, au Roumois, au comté d'Évreux, au Vexin normand et aux anciens pays de Bray, d'Ouche et de Caux.

La large vallée de la Seine les traverse du sud-est au

nord-ouest ; le grand fleuve y décrit ses nombreux méandres pour aboutir au vaste estuaire de 10 kilomètres de largeur où il se jette dans la Manche entre le Havre et Honfleur.

De chaque côté de la Seine s'ouvrent tour à tour les riantes et industrieuses vallées des rivières tributaires, l'Epte, l'Andelle, l'Eure, la Rille, etc.

Le long des bords s'élèvent de nombreuses forêts, forêts de Bizy, de Vernon, de Pont de l'Arche, de la Londe, etc ; de même sur le plateau de l'Ouche que couvrent les forêts de Verneuil et de Conches enserrant la grande plaine de blé du Neubourg.

Au nord-est les petits fleuves côtiers, l'Arques, la Bresle, la Scie, la Béthune, arrosent les pâturages fertiles des pays de Bray et de Caux pour finir dans la mer au milieu des falaises crayeuses de Dieppe, d'Étretat.

Mais, c'est le long de cette magnifique artère fluviale de la Seine que sont surtout la vie et l'histoire de la Haute Normandie.

Des bords de l'Epte où les ruines de Saint-Clair rappellent le traité qui donna la Neustrie aux Normands jusqu'à la pointe de la Hève où brille le phare qui signale aux transatlantiques la côte de France, la vallée de la Seine rencontre à chaque pas des souvenirs et des merveilles.

Dès l'instant où la Seine, quittant le département de Seine-et-Oise, entre dans celui de l'Eure, elle reçoit à droite la rivière de l'Epte qui sert de limite comme autrefois entre le duché de Normandie et le royaume de France.

Elle traverse Vernon, laisse à gauche Gaillon et son magnifique château, puis, tournant à droite, vient baigner

le pied de la colline escarpée au sommet de laquelle se
dressent, dominant le Petit Andely et toute la vallée, les
ruines grandioses du Château Gaillard.

Les Bouches Inutiles.

N° 1098.

Une page émouvante de la peinture contemporaine, œuvre du
grand artiste Tattegrain, va évoquer devant nos yeux une des
plus effroyables scènes du Moyen âge dont ces ruines furent un
jour témoins.

En 1197, Richard-Cœur-de-Lion se préparait à une nouvelle
guerre contre Philippe-Auguste. Voulant se créer une forteresse
inexpugnable à la frontière même de ses États, il fit appel à
toute la science des ingénieurs militaires du temps. Sur des plans
nouveaux on construisit à grands frais la forteresse la mieux
disposée et la plus considérable qui eût été édifiée jusqu'alors.
Sa belle apparence et sa solidité lui firent aussitôt donner le
nom de Château-Gaillard; en moins d'un an elle était achevée
et le roi d'Angleterre s'écriait joyeusement devant son œuvre:
« Qu'elle est belle, ma fille d'un an ! »

Philippe-Auguste s'abstint de l'attaquer du vivant de Richard,
mais quand, celui-ci mort, Jean-Sans-Terre fut devenu à son
tour roi d'Angleterre, le roi de France n'hésita pas à marcher
contre elle et vint mettre le siège devant le Château-Gaillard.

C'est là que se place l'épisode le plus navrant de ces épou-
vantables guerres. Les assiégés, pour économiser leurs res-
sources, renvoyèrent toutes les bouches inutiles ; jeunes enfants,
vieillards et femmes furent chassés des murs où ils s'étaient

réfugiés mais ce n'était là que le commencement de leurs souffrances. Tout autour de la forteresse investie s'élevaient de
formidables retranchements construits par les assiégeants. Là
aussi, on repoussa les malheureux à grands coups de pierres, de
flèches et de lances, malgré toutes leurs supplications.

Ils durent redescendre dans le fossé et pendant plusieurs mois
y mourir de misère dans les souffrances de la faim et du froid.

Ils vécurent d'abord d'herbes et de racines, puis ils mangèrent
des morceaux de bois, leurs chaussures de cuir et enfin les
cadavres de ceux qui succombaient.

Après cinq mois de siège, la forteresse fut enfin emportée
(1204).

Prise et reprise plusieurs fois pendant la guerre de Cent ans
et les guerres de religion, elle fut enfin démantelée par ordre de
Henri IV.

Les Bergers d'Arcadie [1].

N° 381.

Par Le Poussin. Musée du Louvre.

Au pied de la ruine du Château-Gaillard s'étend la jolie ville
des Andelys, divisée en deux, le Petit Andely au bord de la
Seine, le Grand Andely dans la vallée du Gambon. C'est là
qu'est né un des plus grands maîtres de la peinture française,
Nicolas Poussin. Fils d'un brave bourgeois de la ville, il quitte à
dix-huit ans la maison paternelle, s'en va courir les routes et les
ateliers et après mille péripéties s'établit enfin à Rome.

---

1. Lorsque au cours de nos promenades dans une province nous rencon-
trerons un grand artiste, au lieu de montrer un portrait souvent peu
intéressant, nous donnerons toujours une de ses œuvres les plus remarquables.

Plus tard, devenu célèbre, il revient en France, mais il est bien vite dégoûté des intrigues que ses confrères jaloux lui suscitent et il s'en retourne définitivement en Italie où il meurt à 72 ans, en 1665. Nicolas Poussin est un penseur de génie, tout imprégné du culte de l'antiquité. Regardez cette scène idéale où des bergers heureux retrouvent une tombe enfouie dans la verdure « Les Bergers d'Arcadie » du Musée du Louvre. Jeunes, beaux, insouciants, dans la joie du printemps de la vie, ils déchiffrent cette mélancolique inscription, ce rappel des vanités humaines et de la brièveté du bonheur : « Et moi aussi, j'ai vécu en Arcadie ! »

Rouen; Vue générale prise de la colline de Bon-Secours.

N° 6087.

Laissant derrière nous les Andelys, nous trouvons, en continuant de descendre le cours de la Seine, les forêts de Louviers et de Pont de l'Arche. A droite, débouche la délicieuse vallée de l'Andelle auprès de la côte des Deux-Amants, puis on entre dans le département de la Seine-Inférieure, on dépasse Elbeuf aux nombreuses usines et bientôt on aperçoit la grande falaise crayeuse de Bon-Secours du haut de laquelle on découvre tout le panorama de Rouen.

Rouen, ancienne capitale de la Normandie, aujourd'hui chef-lieu du département de la Seine-Inférieure, compte 112.000 habitants. Par son étendue, sa population, son industrie et son commerce, c'est l'une des principales villes de France. Ses édifices religieux ou civils, ses beaux musées, la richesse de ses souvenirs historiques la mettent également au premier rang.

Rouen ; La Cathédrale.

N° 713.

Parmi les merveilles artistiques de la vieille cité normande, nous verrons d'abord sa superbe cathédrale, reconstruite tout entière (sauf la base de la tour Saint-Romain), dans les vingt premières années du XIIIe siècle.

Au milieu de la façade s'élève le grand portail flanqué à gauche de la Tour Saint-Romain et à droite de la Tour de Beurre, celle-ci ainsi nommée parce qu'elle fut construite (1485-1507) au moyen des aumônes de Carême. Ces deux tours ont 75 mètres de hauteur, mais elles sont dépassées du double par la flèche qui surmonte la tour centrale dite « Tour de pierre ».

Cette flèche était jadis en charpente ; détruite par la foudre en 1822, elle a été remplacée en 1876 par une pyramide en fonte d'une hauteur totale de 151 m. 12 cm.

L'intérieur de la cathédrale renferme les magnifiques tombeaux des cardinaux d'Amboise et des sires de Brézé.

Rouen ; La Grosse Horloge.

N° 6091.

En face de la cathédrale s'ouvre une des vieilles rues de Rouen ; elle est traversée par une voûte construite en 1511 pour mettre en communication l'ancien hôtel de ville avec la Tour de la Grosse Horloge. Cette voûte est décorée à son tympan d'admirables sculptures représentant le Christ en Bon Pasteur au milieu d'un troupeau de brebis.

Quant à la Tour de la Grosse Horloge, c'est un monument du xive siècle qui renferme au sommet l'horloge principale de la ville.

Tout à côté est une gracieuse fontaine du xviiie siècle ornée des figures mythologiques d'Alphée et de la nymphe Arethuse.

Rouen ; La Place du Vieux-Marché.

N° 6088.

Parmi les souvenirs historiques que l'on rencontre à chaque pas dans les rues de Rouen, un des plus émouvants est celui de Jeanne d'Arc. Sur un boulevard, c'est la tour où elle fut enfermée ; dans le bas de la ville, c'est le lieu de son supplice, la Place du Vieux-Marché dont la plus petite partie a pris, en mémoire de l'héroïne, le nom de Place de la Pucelle.

C'est une vieille place qui date du xie siècle, elle a été reconstruite en partie au xvie et décorée au xviiie d'une fontaine sculptée.

Jeanne d'Arc à Rouen.

N° 6097.

Le 30 mai 1431, sur un énorme bûcher, Jeanne d'Arc, livrée aux Anglais, était brûlée vive après une année de souffrances, depuis le jour où elle avait été prise à Compiègne.

Les recherches modernes font supposer que le bûcher était placé un peu en dehors de la place du marché aux poissons ; il occupait plutôt l'emplacement de la scène actuelle du Théâtre.

La composition que nous avons sous les yeux est l'œuvre de Lenepveu et fait partie de la décoration murale du Panthéon.

Rouen; L'Hôtel du Bourgthéroulde.

N° 2007.

Dans un angle de la place de la Pucelle se trouve un hôtel particulier du xvie siècle, l'Hôtel du Bourgthéroulde dont la cour est des plus remarquables. Sur deux de ses façades se déroulent de charmantes sculptures de la Renaissance, scènes pastorales, sujets symboliques et les curieux bas-reliefs représentant l'entrevue du camp du Drap-d'Or entre François Ier et Henri VIII.

Rouen; Le Palais de Justice.

N° 6089.

Le Palais de Justice de Rouen est un chef-d'œuvre de l'architecture gothique et de celle de la Renaissance.

Il se compose d'un corps principal flanqué de deux ailes, celle de gauche bâtie à la fin du xve siècle, celle de droite reconstruite de nos jours dans le style du temps. La façade du milieu est un des plus beaux spécimens de l'architecture civile des xve et xvie siècle. Elle a été construite par Louis XII pour abriter la célèbre cour de l'Échiquier de Normandie ; au centre, on admire une tourelle où l'on peut voir des statues représentant des personnages de l'époque, bourgeois, paysans, etc.

Rouen; Le Quai de la Bourse.

N° 6090.

Après cette visite à travers les monuments du Rouen historique nous jetterons un coup d'œil sur la prodigieuse activité commerciale de la cité moderne.

Tout le long du fleuve s'élèvent des quais magnifiques, des entrepôts, des docks; les navires chargés de marchandises s'alignent à perte de vue, les trains roulent au milieu des montagnes de sacs, de barriques, c'est un spectacle des plus intéressants.

Un pont de pierre qui a coûté 10 millions fait communiquer les deux rives, Rouen sur la rive droite, le faubourg de Saint-Sever sur la rive gauche et l'île Louviers au milieu. Sur le terre-plein du pont se dresse la statue de Pierre Corneille, la plus grande gloire de la vieille capitale de la Normandie qui a vu naître également Fontenelle, Boïeldieu, Géricault, Armand Carrel, etc.

Ruines de Jumièges.

N° 6093.

Au sortir de Rouen, la Seine reprend son cours sinueux, enserrant dans ses boucles les forêts de Roumare, du Rouvray. Elle laisse sur la rive droite les imposantes ruines de l'Abbaye de Jumièges. C'est là, disent les historiens, que vint s'arrêter dans les sables et les roseaux de la berge la barque emportant au gré du courant les fils mutilés de Clovis II et de Bathilde.

Les Bénédictins recueillirent ces deux malheureux princes auxquels on avait brûlé les nerfs des jambes après les avoir tonsurés par ordre de leur père. On voit encore dans les débris de l'abbaye les statues des « Énervés de Jumièges » à côté de la table de marbre noir du tombeau d'Agnès Sorel et de la dalle funéraire d'un des juges de Jeanne d'Arc.

Du haut du cimetière actuel on embrasse l'ensemble mélancolique de ces ruines où revivent ainsi côte à côte la légende mérovingienne, l'héroïque figure de la « Bonne Lorraine et le souvenir de la Dame de Beauté. »

Caudebec; l'Église.

N° 2006.

Après Jumièges, la Seine s'élargit de plus en plus, les bancs de sable mobiles deviennent plus fréquents et de grands travaux de canalisation et d'endiguement ont dû être faits pour faciliter la navigation.

L'influence de la marée qui, en temps ordinaire, se fait sentir sans accident jusqu'à Pont-de-l'Arche, produit au contraire, ici, aux époques de l'équinoxe, le phénomène appelé « la Barre » ou « le Mascaret ». C'est une énorme vague, présentant un large front perpendiculaire, qui remonte alors le fleuve avec une rapidité effrayante et un grondement terrible.

C'est à Caudebec que l'on vient en général assister à ce spectacle. On peut du même coup admirer la magnifique église, véritable joyau de l'art du xvᵉ siècle, devant lequel Henri IV s'écriait: « Voilà la plus belle chapelle que j'aie jamais vue ! »

L'ancienne capitale du pays de Caux fut jadis aussi la patrie des célèbres chapeaux appelés des « caudebecs ».

Famille de pêcheurs normands ; Basse Seine.

N° 1998.

Sur les rives poissonneuses de la Seine, depuis Mantes jusqu'au Havre, vivent de nombreuses familles de pêcheurs. C'est une scène de la vie de ces braves gens qu'a reproduite un artiste de talent, J.-F. Bouchor, dans son tableau du Salon de 1889.

Vue de l'embouchure de la Seine au Havre.

N° 6139.

En quittant Caudebec, nous avons continué de descendre le cours de la Seine, dépassé Quillebeuf, Tancarville avec son phare ; maintenant, le fleuve recevant son dernier affluent, la Rille, se déploie dans toute son étendue, mêlant ses eaux à celles de la mer. Les rives s'éloignent à droite et à gauche à perte de vue ; à l'ouest, c'est le département de l'Eure et le commencement du Calvados ; à l'est, c'est Harfleur, le vieux port de la Normandie féodale, Graville-Sainte-Honorine et sa célèbre abbaye, enfin le Havre.

C'est là que, du haut des falaises de Sainte-Adresse, on peut le mieux embrasser ce splendide panorama. On a devant soi la grande cité maritime avec ses ports, ses bassins, ses jetées, puis le vaste estuaire de la Seine et de l'autre côté, dans le lointain, Honfleur. Villerville et les plages du Calvados.

Le Havre ; Sortie d'un transatlantique.

N° 6140.

Le Havre, autrefois le Havre de Grâce est encore, une simple sous-préfecture, malgré ses 120.000 habitants et sa prospérité incomparable.

Pour en donner une idée nous dirons simplement que le commerce du Havre représente le quart ou le cinquième de celui de la France entière. Le mouvement annuel du port est de 10.000 navires.

C'est le port d'attache de notre grande ligne de transatlantiques et le tableau est toujours émouvant que celui du départ d'un de ces énormes steamers emportant vers l'Amérique des quantités de marchandise et quelquefois plus de 1.000 passagers.

Embarquement de bestiaux à Honfleur en 1819. [1]

N° 1516.

En face du Havre, de l'autre côté de la baie, s'élève la petite ville de Honfleur, très fière d'avoir vu partir de son vieux port les hardis marins qui allèrent prendre possession du Brésil, du Canada, de Terre-Neuve et fonder des comptoirs à Java.

Un charmant tableau du Musée du Louvre, œuvre de Le

1. *Honfleur est dans le Calvados, mais il a paru impossible de parler dans une causerie du Havre et de tout le cours de la Seine sans y comprendre également Honfleur.*

Prince (jeune artiste mort en 1826) nous montre une scène amusante du vieil Honfleur. C'est un embarquement de bestiaux à bord du bateau le « Passager » en 1819.

Étretat; Les falaises.

N° 2141.

Entre la Seine et la Somme, le plateau du pays de Caux se termine brusquement sur la Manche en hautes falaises calcaires incessamment battues par la mer qui en ronge la base et produit quelquefois des déchirures bizarres comme à Étretat.

Étretat est un petit bourg, situé au nord-est du cap d'Antifer, au débouché de deux étroites vallées; sa plage est fermée aux deux extrémités par d'énormes falaises de 90 mètres de hauteur que les vagues ont découpées en grottes, en aiguilles, en gigantesques arcades.

On y remarque le « Trou à l'Homme », la « Manneporte », la « Porte d'Aval », « l'Aiguille d'Étretat », obélisque naturel de 70 mètres, etc.

Il n'y a pas de port, mais un simple échouage, aussi les marins doivent-ils chaque fois à force de bras hisser leurs barques sur les galets.

Il y a soixante ans, Étretat était un hameau misérable, ignoré de tous; il fut mis à la mode par des artistes et des écrivains séduits par ses sites pittoresques, Isabey, Alphonse Karr, etc.

Étretat; Les caloges.

N° 2142.

Le sol d'Étretat est plus bas que le niveau des hautes mers, il n'est protégé que par une digue mouvante de galets, déjà plusieurs fois rompue.

Les vieilles embarcations incapables de tenir la mer sont
utilisées par les habitants d'Étretat. Ils les tirent sur la plage,
les calent soigneusement avec des pierres, des poutres, des galets,
y percent une porte, des fenêtres, les couvrent d'un toit de
chaume et s'en servent comme d'une habitation ou d'un atelier.
On les appelle des « caloges ».

Le Coup de Vent.

N° 1670.

Peint par Haquette.

Toute cette côte normande du Havre au Tréport est une pépi-
nière de marins énergiques, dignes petits-fils des Duquesne et
des Ango. Tandis que les habitants des petits ports se livrent à
la pêche côtière, des flottilles d'intrépides pêcheurs appareillent
chaque année dès les premiers beaux jours de printemps pour
Terre-Neuve, l'Islande et les mers scandinaves. Après plusieurs
mois de campagne les bateaux reviennent chargés de morues et
de harengs.

Presque toujours, hélas! plusieurs barques manquent à l'appel,
perdues dans les tempêtes de l'Atlantique ou coulées par les
steamers au milieu des brumes de Terre-Neuve.

Même pour ceux qui ne quittent pas les parages de la Manche,
c'est une vie dure et périlleuse. Dès que le vent s'élève, les
malheureuses femmes de pêcheurs se précipitent sur les jetées,
guettant la voile qui leur est chère. Elles sont là dans la tour-
mente, insensibles aux averses, aux vagues qui déferlent, serrant
contre elles leurs enfants dont chacune de ces énormes lames
peut faire des orphelins.

Alerte.

N° 1675.

Peint par Hagborg.

Cette vie de dangers est aussi une admirable école de dévouement. Dès que l'on signale une barque en péril, les sauveteurs sont à leur poste. En un clin d'œil ils endossent la veste de toile cirée, coiffent le surouët: le bateau de sauvetage est roulé, on embarque, et la lutte commence pour arracher les naufragés à la mort!

Un sauvetage à Dieppe.

N° 6143.

Peint par Haquette.

Enfin sauvés! La barque s'est brisée contre la jetée comme une frêle coquille de noix, mais vingt bras robustes enlèvent les malheureux en détresse. Ils n'ont plus maintenant qu'à se sécher, à réchauffer leurs membres glacés par les embruns, à trouver une nouvelle barque... et à recommencer demain!

Dieppe; Statue de Duquesne.

N° 6144.

Dieppe est un des ports les plus sûrs et les plus profonds de la Manche. Dès la fin du Moyen âge, les Dieppois se livraient au cabotage, à la pêche de la morue, du hareng et du maquereau. Ils allèrent bientôt jusqu'en Afrique, en Amérique fonder des comptoirs et coloniser.

Dans les luttes contre les Anglais, les Hollandais et les Espagnols, ils se signalèrent au premier rang. Le plus célèbre d'entre eux est Abraham Duquesne (1610-1688) dont la statue, œuvre de Dantan aîné, s'élève aujourd'hui sur la Place Royale.

Duquesne, fils d'un brave capitaine, était lui-même commandant d'un navire à 17 ans quand il fit sa première campagne contre les Espagnols. Successivement vainqueur des Danois à Gothembourg et des Anglais dans l'Atlantique, il fut nommé chef d'escadre par Anne d'Autriche et chargé par Louis XIV de combattre Ruyter. Plus tard, il purgea la Méditerranée des pirates d'Alger et de Tripoli qui l'infestaient, bombarda Gênes et contraignit le doge à venir faire des excuses à Versailles.

Le manoir Ango à Varengeville.

N° 6146.

En parlant des armateurs de Dieppe qui portèrent au loin sa renommée, nous avons laissé de côté le plus illustre, Ango, nous réservant d'en parler en vous montrant les restes de son château à Varengeville, petit village à 6 kilomètres de Dieppe. C'est un manoir somptueux construit de 1530 à 1542 et dont il ne reste que des débris.

L'histoire d'Ango semble un conte de fée.

Né à la fin du xv⁰ siècle, Ango simple armateur, acquit une immense fortune et put rivaliser avec les rois. Le Portugal ayant capturé un de ses vaisseaux en temps de paix, Ango équipa une flotte à ses frais, bloqua Lisbonne et obligea les Portugais à envoyer en France des ambassadeurs lui faire réparation.

Ruiné à la fin de sa vie, il en mourut de chagrin (1551).

Le Château d'Arques.

N° 6145.

A l'automne de 1589, Mayenne avait résolu d'en finir avec Henri IV. Ayant reçu les secours qu'il attendait des Espagnols, il se mit en route; parti de Paris avec 25.000 hommes, il en ramassait encore 8.000 sur son chemin et marchait sur Dieppe, promettant de ramener le Béarnais captif ou de le jeter à la mer.

La situation d'Henri semblait en effet fort désespérée ; il n'avait pas d'argent, pas de vivres et que fort peu de monde, à peine 10.000 hommes avec lui. Ses meilleurs conseillers l'engageaient à passer en Angleterre. Le maréchal de Biron s'y opposa. « Sortir de France, s'écria-t-il, pour vingt-quatre heures, c'est s'en bannir pour jamais! » Henri IV était du même avis, il s'établit solidement dans la charmante vallée d'Arques, à une heure et demie de Dieppe, au pied du vieux château bâti par Guillaume le Conquérant et restauré par François Ier.

Quelques pièces d'artillerie avaient été placés sur les antiques remparts et décidèrent du sort de la bataille le jour où elle s'engagea à fond après plusieurs combats partiels.

La lutte fut acharnée, Henri courut les plus grands dangers, fit des prodiges de bravoure et faillit un moment être pris. Enfin Mayenne, vaincu, fut contraint de battre en retraite avec son armée en désordre et Henri écrivait à Crillon sa fameuse lettre: « Pends-toi, mon brave Crillon, nous avons combattu à Arques et tu n'y étais pas ! ».

Aujourd'hui, le château d'Arques n'est plus qu'une ruine imposante avec son donjon du xie siècle, aux murs épais de 3 mètres, sa double enceinte de remparts, auxquels chaque génération jusqu'au xviie avait ajouté de nouvelles défenses, fossés de 30 mètres de largeur, énormes tours de pierre et de briques.

Du sommet de la vieille tour encore debout, on découvre l'ensemble des ruines et un paysage ravissant : la forêt, la vallée et la rivière d'Arques, les vallées de l'Eaulne et de la Béthune, la colline d'Archelles où se joua un jour la destinée du Béarnais.

Les vieux du Tréport.

N° 2002.

Peint par Aublet.

Situé à l'extrémité du nord-est du département de la Seine-Inférieure, à la lisière de celui de la Somme, le Tréport est une jolie ville de 4.000 habitants. Son port formé par l'embouchure de la Bresle, existait déjà au temps des Romains, c'était « Ulterior Portus ».

Un tableau d'Aublet nous montre un spectacle habituel des villes maritimes.

C'est la réunion des vieux marins : pêcheurs perclus de rhumatismes attrapés dans les brouillards d'Islande, pensionnés de l'État après de longues années de navigation dans les mers de Chine, tous viennent se chauffer au soleil, passant leurs journées à regarder la mer et les navires.

C'est par là que nous terminerons notre promenade à travers la Haute Normandie.

MACON, PROTAT FRÈRES, IMPRIMEURS.

LES

MUSÉES D'EUROPE

ÉDITION POPULAIRE

REPRODUCTIONS PHOTOGRAPHIQUES INALTÉRABLES D'APRÈS LES ORIGINAUX

FORMAT 24 × 30

Épreuves non collées { la pièce .... 0 fr. 60
{ la douzaine............... 6 fr.

ENVOI PAR POSTE RECOMMANDÉE : 0 FR. 50 POUR TOUS PAYS
COLLAGE SUR CARTON 0 FR. 15 EN PLUS PAR ÉPREUVE

Ces reproductions sont destinées à propager le goût de l'art et à former pour un prix modeste des collections de documents artistiques d'une *fidélité absolue* et d'une *durée permanente*. Elles sont donc appelées à remplacer avec avantage les photographies ordinaires du commerce, souvent défectueuses et qui s'altèrent très vite.

Tous les sujets de l'Édition Populaire existent en outre toujours dans la grande édition des Musées d'Europe en photographies inaltérables au charbon à 15 fr. la pièce.

PETITE BIBLIOTHÈQUE DE VULGARISATION ARTISTIQUE

COROT. — Album classique des Chefs-d'œuvre de Corot, 40 planches d'après les principaux tableaux du maître. Texte de M. Roger Milès. Broché...................... 3 50
Relié.. 5 »

VERSAILLES. — Le Musée national de Versailles. Description du Château et des collections par M. P. de Nolhac, Conservateur du Musée, et A. Pératé, attaché à la Conservation. 110 planches en typogravure d'après les originaux.
Relié.. 6 »

CHANTILLY. — Le Musée Condé. Notice des Peintures par F.-A. Gruyer, Membre de l'Institut, Conservateur du Musée Condé; ouvrage illustré de nombreuses typogravures d'après les originaux. Relié...................... 7 »

ESTAMPES MINIATURES

POUR

RÉCOMPENSES SCOLAIRES

ET

COLLECTIONS

Ces petites estampes sont des reproductions, très fines, en héliogravure, faites d'après les originaux.

La pièce............. **1** fr. | Encadrée.... **2** fr. et **2** fr.**50**

L. DE VINCI.	La Joconde.	PRUDHON.	L'Impérarice Joséphine.
MURILLO.	La Purissima.	COROT.	Paysage.
—	Ste-Famille.	GAINSBOROUGH.	M⁰⁰ Siddons.
RUYSDAËL.	Le Marais.	J. RUSSEL.	Les Cerises.
—	La Chasse.	BOUGUEREAU.	La Vierge aux Anges.
BOTTICELLI.	Lucrezia Tornabuoni.	—	L'Innocence.
—	La Vierge et l'Enfant.		etc., etc.

CATALOGUE SPÉCIAL EN PRÉPARATION

ALBUMS DE LUXE

COUVERTURE EN COULEUR

L'OBERLAND BERNOIS.............	28	vues en typogravure		**3 50**
LE LAC LÉMAN....................	28	—	—	**3 50**
ZERMATT.......................	16	—	—	**3**
LE LAC DES QUATRE CANTONS...	28	—	—	**3 50**
CHAMONIX......................	28	—	—	**3 50**
L'ENGADINE....................	28	—	—	**3 50**

MACON, PROTAT FRÈRES, IMPRIMEURS.